eine Rose
a rose
une rose

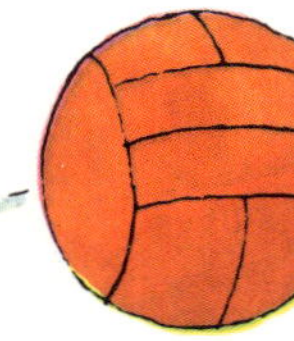

der Fußball
the football
le ballon

ein Indianer
an Indian
un Indien

die Weidenkätzchen
the pussy willows
les chatons de saule

die Katze
the cat
le chat

die Kröte
the toad
le crapaud

ein Giftpilz
a toadstool
un champignon vénéneux

der Waschbär
the raccoon
le raton laveur

die Trommel
the drum
le tambour

das Pferd
the horse
le cheval

eine Libelle
a dragonfly
une libellule

der Hase
the rabbit
le lapin

eine Krankenschwester
a nurse
une infirmière

ein Patient
a patient
un malade

das Horn
the bugle
le clairon

der Fuchs
the fox
le renard

der Biber
the beaver
le castor

eine Hexe
a witch
une sorcière

eine schwarze Katze
a black cat
un chat noir

der Besen
the broom
le balai

Richard Scarry's

ein Moskito
a mosquito
un moustique

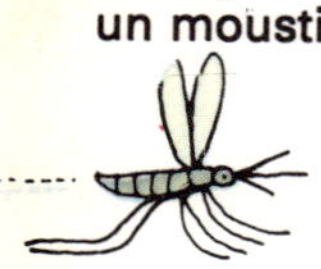

Liebe Sabine, lieber Hans,

Ihr wißt vielleicht schon, daß in der englischen und französischen Sprache fast alle Wörter anders ausgesprochen werden, als man sie schreibt. Wenn Ihr in der Schule noch keine fremden Sprachen lernt, fragt am besten einen Erwachsenen, der Englisch oder Französisch kann. Er wird Euch bestimmt sagen, wie man die vielen Wörter in diesem Buch richtig ausspricht. Diesen Rat gibt Euch

Richard Scarry

Umschlaggestaltung: Rincón Partners, Köln.
Printed in Spain
ISBN 3-8166-0208-8

Wörterbuch

Deutsch, Englisch, Französisch

BUCH UND ZEIT
BZ

die Vorhänge
the curtains
les rideaux

Ein neuer Tag

Ein neuer Tag ist angebrochen.
Die Sonne scheint,
der kleine Bär steigt aus dem Bett.

das Fenster
the window
la fenêtre

der Waschlappen
the face cloth
le gant de toilette

die Seife
the soap
le savon

das Handtuch
the towel
la serviette

Zuerst wäscht er sich Gesicht und Hände,
First he washes his face and hands,
D'abord il se lave la figure et les mains,

die Zahnbürste
the toothbrush
la brosse à dents

die Zahnpaste
the toothpaste
le dentifrice

dann putzt er sich die Zähne
then he brushes his teeth and
puis il se brosse les dents

der Kamm
the comb
le peigne

der Spiegel
the mirror
le miroir

der Pyjama
the pyjamas
le pyjama

und kämmt sich seine Haare.
combs his hair.
et se coiffe.

das Hemd
the shirt
la chemise

die Hose
the trousers
le pantalon

Er zieht sich an.
He dresses himself.
Il s'habille.

Er macht sein Bett.
He makes his bed.
Il fait son lit.

Er kommt sofort, wenn er zum Frühstück gerufen wird.
He comes promptly when he is called to breakfast.
Il accourt, dès qu'on l'appelle pour le petit déjeuner.

Der Bär sitzt ganz gerade auf seinem Stuhl.
The bear sits straight up in his chair.
L'ours se tient droit sur sa chaise.

Er ist sehr hungrig. Dies alles ißt er:
He is very hungry. This is what he eats:
Il a grand-faim. Voici ce qu'il mange:

Obstsaft
fruit juice
jus de fruit

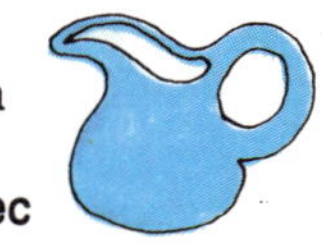

Haferbrei mit Rahm
porridge with cream
bouillie d'avoine avec de la crème fraîche

Pfannkuchen
pancakes
des crêpes

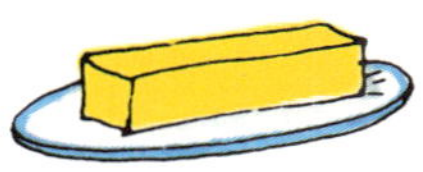

mit Butter und Sirup
with butter and syrup
avec du beurre et de la mélasse

Den Toaströster ißt er nicht.
He doesn't eat the toaster.
Il ne mange pas le grille-pain.

Spiegeleier
fried eggs
des oeufs sur le plat

Speck
bacon
lard

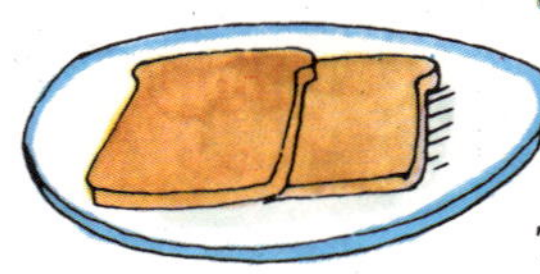

Toast
toast
des toasts

Muffins (englisches Teegebäck)
muffins
des muffins (petit pain anglais)

Honig
honey
miel

Marmelade
jam
confiture

Kakao
cocoa
cacao

kalte Milch und eine Waffel
cool milk and a waffle
du lait froid et une gaufre

Wenn er mit dem Frühstück fertig ist, hilft er seiner Mutter beim Abspülen.
When he has finished eating breakfast he helps his mother to wash and dry the dishes.
Quand il a terminé son petit déjeuner, il aide sa mère à faire la vaisselle.

eine Tasse
a cup
une tasse

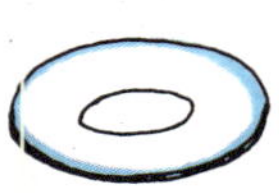

eine Untertasse
a saucer
une soucoupe

ein Teller
a plate
une assiette

die Schüssel
the bowl
le bol

die Gabel
the fork
la fourchette

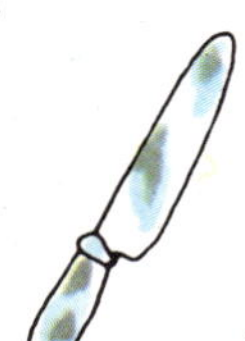

das Messer
the knife
le couteau

der Löffel
the spoon
la cuiller

das Glas
the glass
le verre

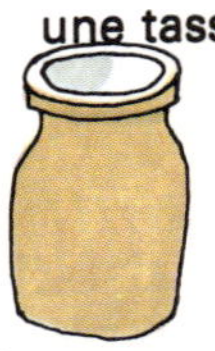

das Einmachglas
the jar
le bocal à conserves

der Krug
the jug
la cruche

eine Bratpfanne
a frying pan
une poêle à frire

der Deckel
the lid
le couvercle

der Topf
the pot
le pot

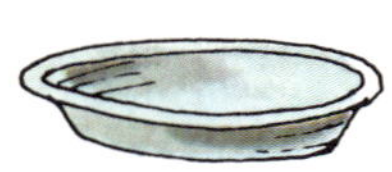

der Tiegel
the pan
la casserole

die Flasche
the bottle
la bouteille

die Saftpresse
the juice squeezer
le presse-citron

das Glas
the glass
le verre

Jetzt kann er mit seinen Freunden spielen.
Now he is ready to play with his friends.
Maintenant, il peut jouer avec ses amis.

Das Haus der Familie Hase

Vater Hase, Mutter Hase und die zwei Brüder Hase sind aufgestanden und machen sich fertig. Die Eule wartet schon auf die beiden Brüder. Sie ist ihr Freund und möchte mit ihnen spielen. Weißt du, wo die Eule sitzt?

die Eule
the owl
le hibou
der Rauch
the smoke
la fumée
eine Fernsehantenne
a television aerial
une antenne de télévision
ein Lichtschalter
a light switch
un interrupteur
ein Fernsehapparat
a television set
un poste de télévision
ein Plattenspieler
a record player
un électrophone
die Betten
the beds
les lits
das Treppenhaus
the staircase
le palier
das Badezimmer
the bathroom
la salle de bains
das Bubenschlafzimmer
the boy's bedroom
la chambre des garçons
das Bild
the picture
le tableau
das Wohnzimmer
the living room
le salon
die Kerze
the candle
la chandelle
das Telephon
the telephone
le téléphone
der Kamin
the fireplace
la cheminée
das Sofa
the sofa
le canapé
eine Treppe
a flight of stairs
un escalier
die Diele
the fronthall
le vestibule
die Haustür
the front door
la porte d'entrée
die Fußmatte the door mat
le paillasson
der Teppich
the rug
le tapis
das Fenster
the window
la fenêtre
der Plattenweg
the stone path
le dallage

Auf dem Spielplatz

Hier gibt es viele lustige Spiele.
Welches gefällt dir am besten?

das Karussell
the merry-go-round
le manège
der Drachen
the kite
le cerf-volant
der Kletterturm
the jungle gym
la cage-aux-singes
fangen
tag
s'attraper
Ringe werfen
tossing the ring
le jeu d'anneaux
das Reifenspiel
the hoop rolling
le cerceau
Seifenblasen machen
bubble blowing
faire des bulles de savon
die Murmeln
the marbles
les billes
der Sandkasten
the sand pit
le bac à sable
die Drachenschnur
the kite string
la corde du cerf-volant
Ball spielen
bouncing ball
jouer à la balle
das Himmel-und Höllespiel
the hopscotch
la marelle

Werkzeug

Alle sind sehr fleißig, jeder mit einem anderen Werkzeug. Einer hat sein Werkzeug immer bei sich. Erkennst du ihn? Er hat einen roten Schopf.

der Hammer
the hammer
le marteau

die Axt
the axe
la hache

eine Leiter
a ladder
une échelle

der Holzklotz
the log
la bûche

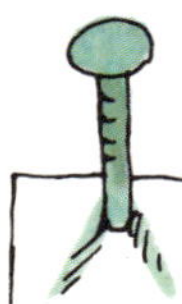

der Nagel
the nail
le clou

der Tischler
the carpenter
le menuisier

das Brett
the board
la planche

die Säge
the saw
la scie

das Sägemehl
the sawdust
la sciure de bois

das Sandpapier
the sandpaper
le papier de verre

der Hobel
the plane
le rabot

der Specht
the woodpecker
le pivert

die Hobelspäne
the wood shavings
les copeaux

der Bohrer
the drill
le vilebrequin

die Spannsäge
the jig saw
la scie à chantourner

eine Schraube
a screw
une vis

die Zange
the pliers
la pince

der Schraubenzieher
the screwdriver
le tournevis

die Bocksäge
the bowsaw
la scie à bûches

die Maurerkelle
the trowel
la truelle

der Maurer
the bricklayer
le maçon

eine Mörtelhacke
a hoe
une houe

der Mörtel
the cement
le mortier

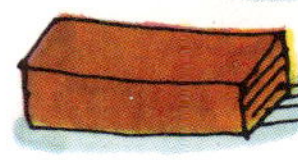

der Ziegelstein
the brick
la brique

der Anstreicher
the painter
le peintre en bâtiment

die Malerbürste
the paint brush
la brosse

die Farbe
the paint
la peinture

ein Bindfadenknäuel
a ball of twine
une pelote de ficelle

der Zollstock
the folding ruler
le mètre pliant

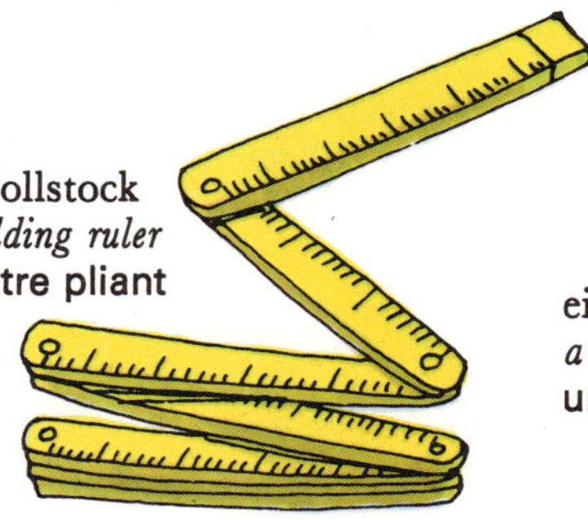

eine Reißzwecke
a tack
une punaise

der Spachtel
the putty knife
le couteau à enduire

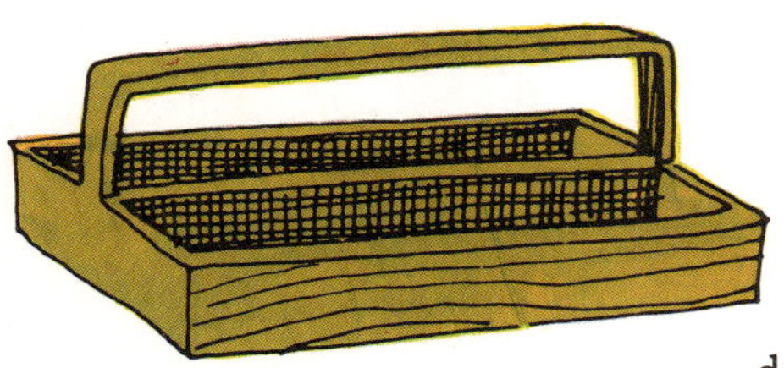

der Werkzeugkasten
the tool box
la boîte à outils

der Bolzen
the bolt
le boulon

ein Beil
a hatchet
une hache

der Zirkel
the compass
le compas

das Taschenmesser
the jackknife
le canif

der Engländer
the monkey wrench
la clef à molette

die Schaufel
the shovel
la pelle

die Erde
the earth
la terre

der Schubkarren
the wheelbarrow
la brouette

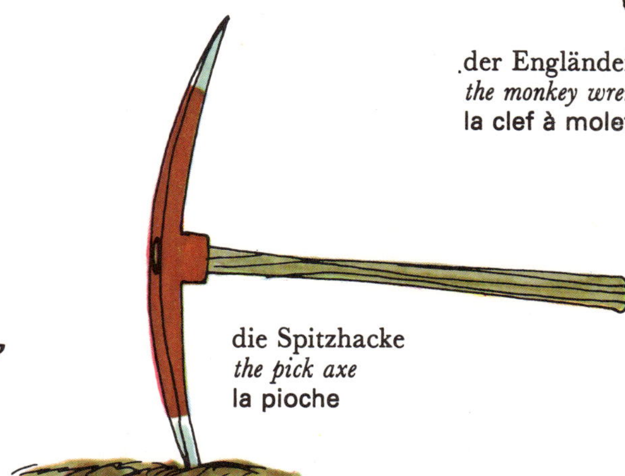

die Spitzhacke
the pick axe
la pioche

ein Winkelmaß
a square
une équerre

der Wetterhahn
the weather cock
la girouette
N
O
S
W
eine Vogelscheuche
a scarecrow
un épouvantail
eine Krähe
a crow
une corneille
der Acker
the field
le champ
der Pflug
the plough
la charrue
der Traktor
the tractor
le tracteur
das Silo
the silo
le silo
der Heuboden
the hayloft
le grenier à foin
die Ziege
the goat
la chèvre
ein Stall
a stable
une étable
die Milchkanne
the milk churn
le bidon de lait
die Blechdose
the tin can
la boîte de conserve
ein Eimer
a pail
un seau
der Wagen
the car
le chariot
die Henne
the hen
la poule
der Hahn
the cock
le coq
der Lastwagen
the truck
la camionnette
das Küken
the baby chick
le poussin
der Schweinestall
the pigsty
la porcherie
der Maisspeicher
the corncrib
le magasin à maïs

Auf dem Bauernhof

Der Bauer Bär hat einen schönen Hof. Was tut Frau Bär? Was tut das Pferd? Was tut die Ente? Was soll die Vogelscheuche tun? Kann sie es?

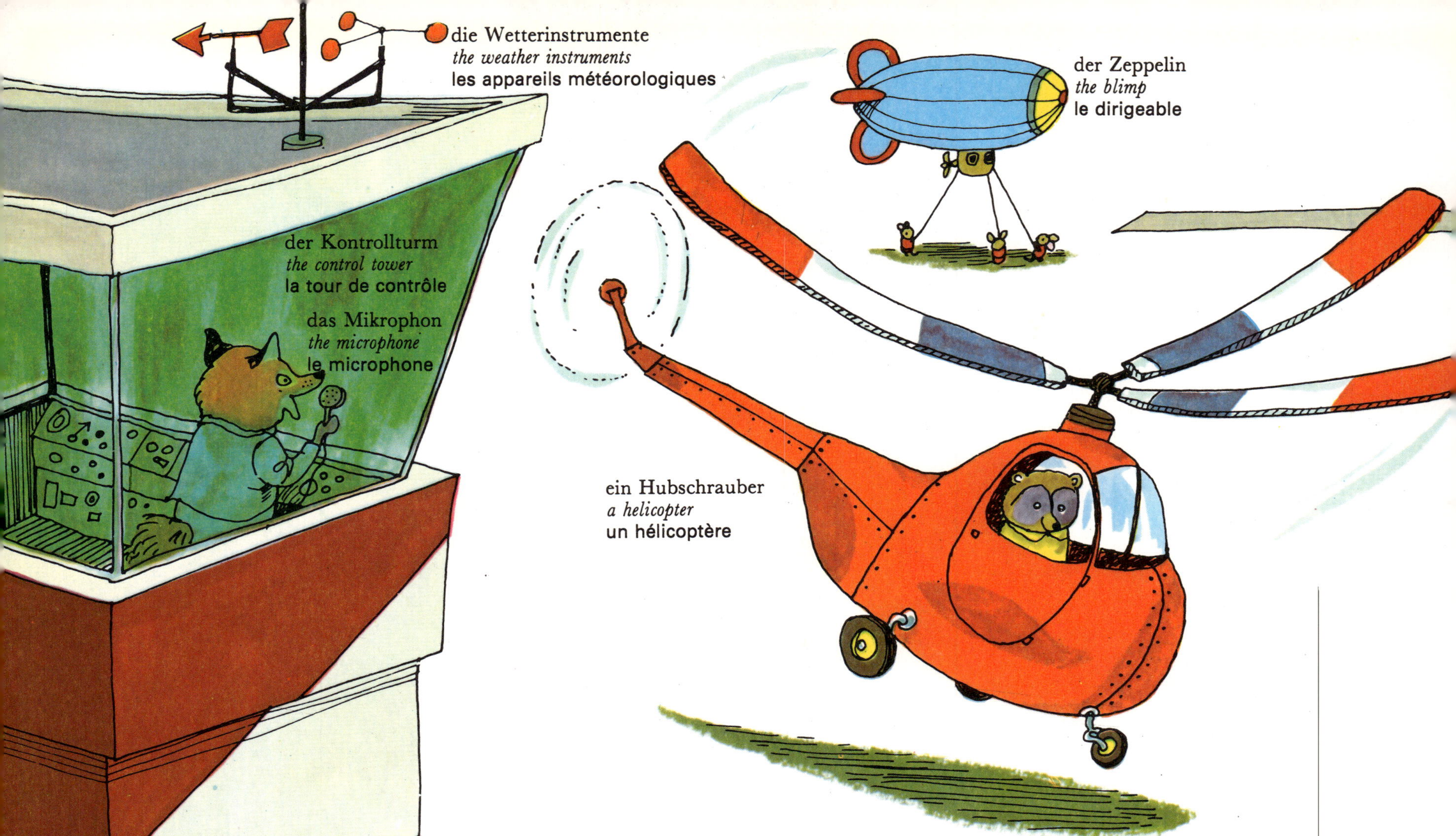

Auf dem Flugplatz

Der Mann im Kontrollturm spricht ins Mikrophon.
Er sagt dem Piloten über Funk,
daß er auf seinem Flug gutes Wetter haben wird.

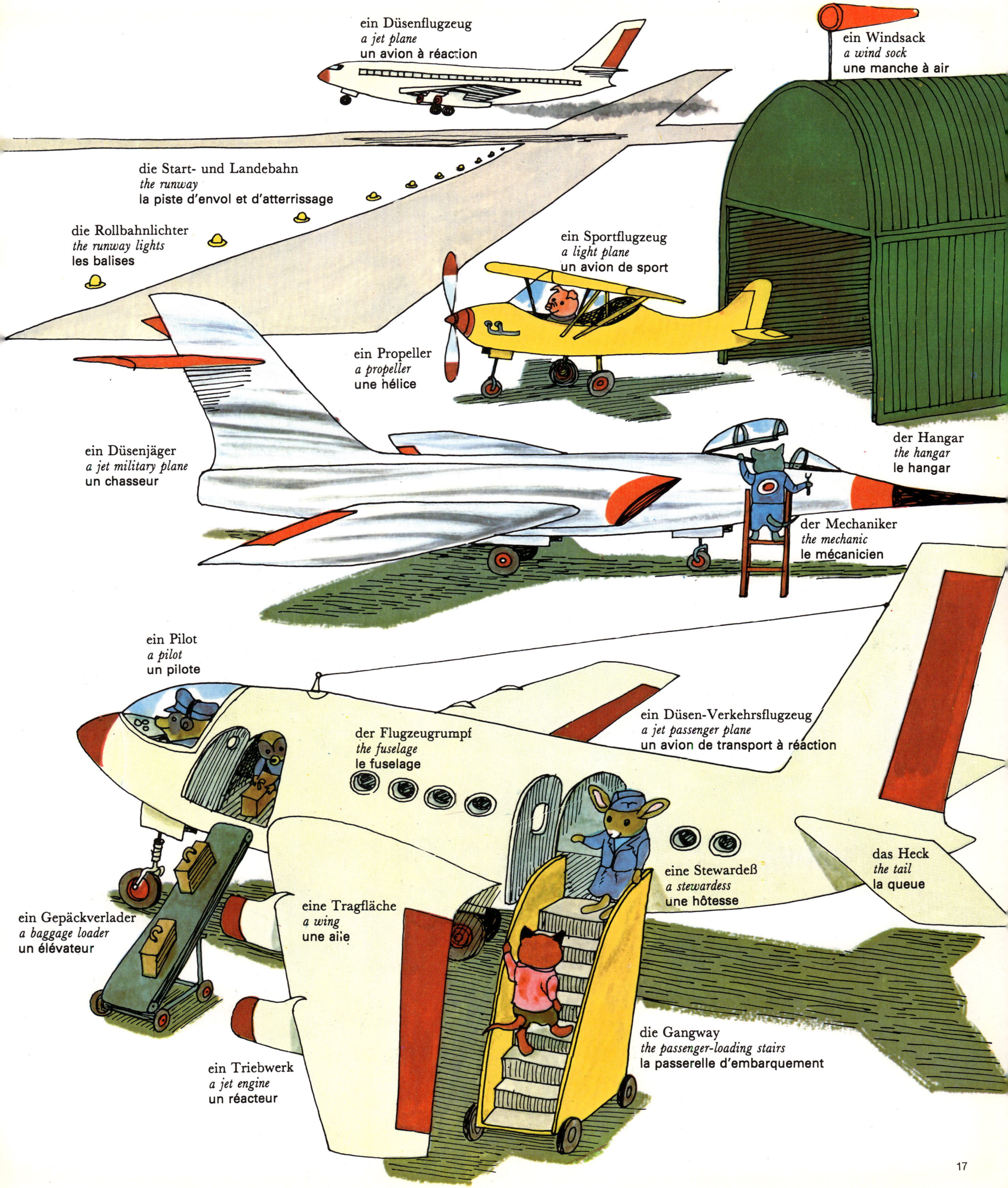
ein Düsenflugzeug
a jet plane
un avion à réaction
ein Windsack
a wind sock
une manche à air
die Start- und Landebahn
the runway
la piste d'envol et d'atterrissage
die Rollbahnlichter
the runway lights
les balises
ein Sportflugzeug
a light plane
un avion de sport
ein Propeller
a propeller
une hélice
ein Düsenjäger
a jet military plane
un chasseur
der Hangar
the hangar
le hangar
der Mechaniker
the mechanic
le mécanicien
ein Pilot
a pilot
un pilote
ein Düsen-Verkehrsflugzeug
a jet passenger plane
un avion de transport à réaction
der Flugzeugrumpf
the fuselage
le fuselage
das Heck
the tail
la queue
eine Stewardeß
a stewardess
une hôtesse
ein Gepäckverlader
a baggage loader
un élévateur
eine Tragfläche
a wing
une aile
die Gangway
the passenger-loading stairs
la passerelle d'embarquement
ein Triebwerk
a jet engine
un réacteur

Spielzeug

Beim Spielen kann man gewinnen oder verlieren. Bärchen ist ein guter Verlierer. Vielleicht gewinnt er das nächste Mal, meinst du nicht auch?

das Dreirad
the tricycle
le tricycle

ein Teddybär
a teddy bear
un ours en peluche

die elektrische Eisenbahn
the electric train
le train électrique

die Puppe
the doll
la poupée

die Holzklötzchen
the blocks
les cubes

der Lastwagen und der Auflader
the lorry and the loader
le camion et l'élévateur

Das Bärchen verliert.
The bear is losing.
L'ourson perd.

ein Spiel
a game
un jeu

Das Häschen gewinnt.
The rabbit is winning.
Le petit lapin gagne.

Bauelemente
building set
jeu de construction

die Burg
the castle
le fort

die Spielzeugsoldaten
the toy soldiers
les soldats de plomb

das Krocket
the croquet
le croquet

das Teeservice
the tea set
le service à thé

ein Rennwagen
a racing car
une voiture de course

das Puppenhaus
the doll's house
la maison de poupée

das Schaukelpferd
the rocking horse
le cheval à bascule

das Segelflugzeug
the glider
le planeur

der Roller
the scooter
la trottinette

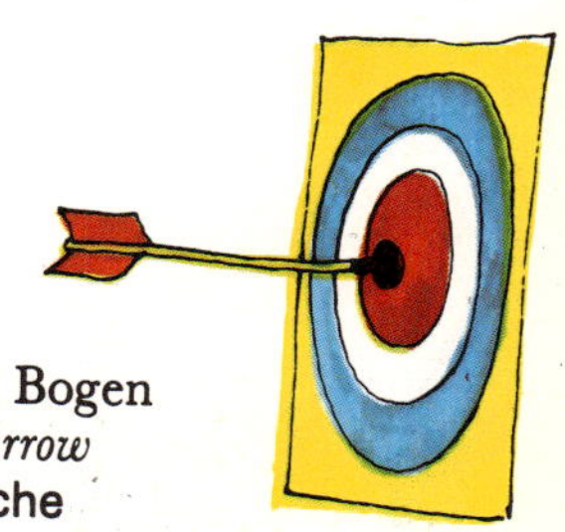

Pfeil und Bogen
bow and arrow
arc et flèche

Im Blumengarten

Die Hasen lieben ihre Blumen sehr. Sie spritzen sie gegen Ungeziefer und gießen sie, damit sie schön wachsen und blühen. Welche Blume gefällt dir am besten?

der Wurm
the worm
le ver

ein Vogel
a bird
un oiseau

das Vogelhäuschen
the birdhouse
la volière

die Ringelblume
the marygold
le souci

die Tulpe
the tulip
la tulipe

die Rose
the rose
la rose

die Wegwarte
the chicory
la chicorée sauvage

der Frauenschuh
the lady's-slipper
le sabot de Vénus

die Margerite
the daisy
la pâquerette

der Sämling
the seedling
le jeune plant

eine Biene
a bee
une abeille

die Butterblumen
the buttercups
les boutons-d'or

die Distel
the thistle
le chardon

der Klee
the clover
le trèfle

die Erdbeere
the strawberry
le fraisier

der Samen
the seed
la graine

die Osterglocke
the daffodil
la jonquille

die Narzisse
the narcissus
le narcisse

der Löwenzahn
the dandelion
le pissenlit

das Veilchen
the violet
la violette

der Krokus
the crocus
le crocus

Blaue Winde
morning-glory
volubilis

der Mohn
the poppy
le pavot

eine Zinnie
a zinnia
un zinnia

ein Fingerhut
a foxglove
une digitale

eine Sonnenblume
a sunflower
un tournesol

eine Aster
an aster
un aster

eine Gießkanne
a watering can
un arrosoir

ein Käfer
a beetle
un scarabée

eine Feuerlilie
a tiger lily
un lis tigré

das Maiglöckchen
the lily of the valley
le muguet

die Spritze gegen
Pflanzenschädlinge
the insect-spray
la sulfateuse

eine Glockenblume
a bellflower
une campanule

die Sternhyazinthe
the bluebell
la jacinthe des prés

die Pflanzenschaufel
the trowel
la déplantoir

der Samen
the seed
les graines

der Blumenkorb
the flower basket
le panier à fleurs

das Samentütchen
the seed packet
le sachet de graines

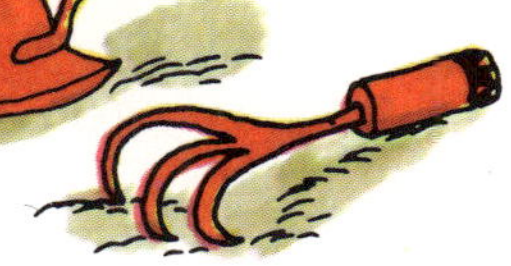
der Kultivator
the cultivator
le cultivateur

das Stiefmütterchen
the pansy
la pensée

die Blumentöpfe
the flower pots
les pots de fleurs

der Rechen
the rake
le râteau

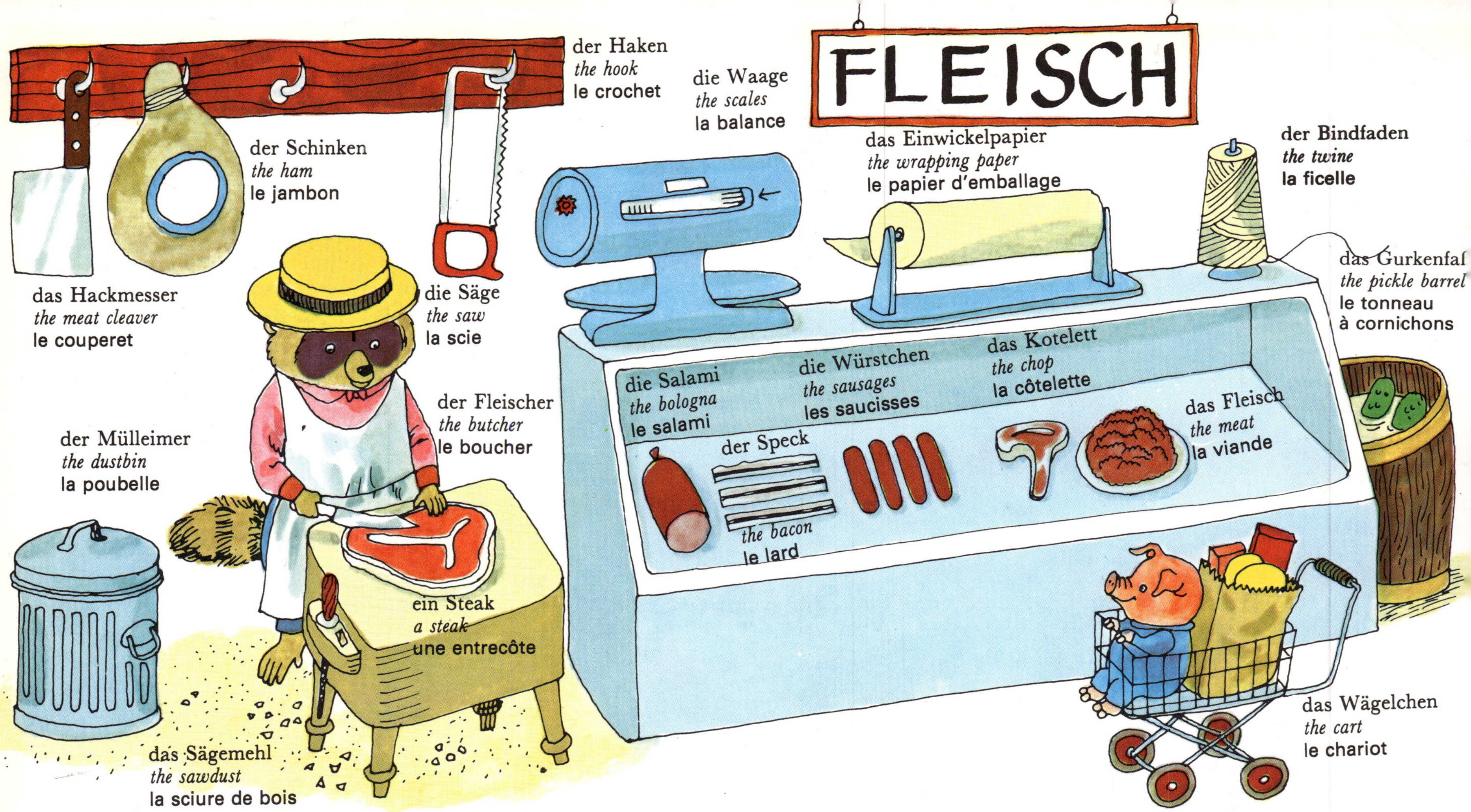

Der Supermarkt

Frau Schwein kauft im Supermarkt ein.
Was würdest du dort kaufen?
Vielleicht eine saure Gurke?

FRÜCHTE
eine Ananas
a pineapple
un ananas
die Bananen
the bananas
les bananes
ein Lebensmittelhändler
a grocer
un épicier
die Äpfel
the apples
les pommes
die Orangen
the oranges
les oranges
die Birnen
the pears
les poires
die Grapefruits
the grapefruits
les pamplemousses
die Waage
the scales
la balance
die Melonen
the melons
les melons
die Weintrauben
the grapes
les raisins
die Zitronen
the lemons
les citrons
die Kirschen
the cherries
les cerises
GEMÜSE
die Erdbeeren
the strawberries
les fraises
die Himbeeren
the raspberries
les framboises
die Heidelbeeren
the bilberries
les myrtilles
die Pflaumen
the plums
les prunes
ein Maiskolben
a com-cob
un épi de maïs
die Bohnen
the beans
les haricots verts
die Pfirsiche
the peaches
les pêches
der Salat
the lettuce
la laitue
die Tomaten
the tomatoes
les tomates
die Wassermelone
the watermelon
la pastèque
der Kürbis
the pumpkin
le potiron
die Spargel
the asparagus
les asperges
die Erbsen
the peas
les petits pois
die Kartoffeln
the potatoes
les pommes de terre
der Spinat
the spinach
les épinards
der Kohl
the cabbage
le chou
der Staudensellerie
the celery
le céleri
die Kokosnuß
the coconut
la noix de coco
die Zwiebeln
the onions
les oignons
die roten Rüben
the beets
les betteraves
der Flaschenkürbis
the squash
la calebasse
die Mohrrüben
the carrots
les carottes
die Gurken
the cucumbers
les concombres
der Blumenkohl
the cauliflower
le chou-fleur
eine weiße Rübe
a turnip
un navet
die Kekse
the biscuits
les biscuits
der Zucker
the sugar
le sucre
die Getreideflocken
the cereal
les flocons d'avoine
die Spaghetti
the spaghetti
les spaghetti
ein Besen
a broom
un balai
die Konserven
the tinned food
les conserves
die Erdnußbutter
the peanut butter
le beurre de cacahouètes
die Marmelade
the jam
la confiture
der Käse
the cheese
le fromage
das Salz
the salt
le sel
die getrockneten Aprikosen
the dried apricots
les abricots secs
Babynahrung
baby food
aliments pour bébé
das Brot
the bread
le pain

Guten Appetit!

Vater Schwein, Mutter Schwein und Peter Schwein essen gern etwas Gutes Vor lauter Essen auf dem Tisch ist Peter kaum zu sehen. Siehst du ihn vielleicht doch?

der Truthahn
the turkey
le dindon
der Kuchen
the cake
le gâteau
die Milchkanne
the milk jug
le pot à lait
in der Schale gebackene Kartoffeln
baked potatoes
des pommes de terre au four
die grünen Bohnen
the green beans
les haricots verts
der Pudding
the pudding
le flan
das Preiselbeergelee
the cranberry jelly
la gelée d'airelles
der Kartoffelbrei
the mashed potatoes
la purée de pommes de terre
die roten Rüben
the beetroots
les betteraves
die Zwiebeln
the onions
les oignons
das Eis
the ice cream
la glace
die Butter
the butter
le beurre
ein Steak
a steak
une entrecôte
die Suppe
the soup
le potage
die Erbsen
the peas
les petits pois
der Salat
the salad
la salade
der Auflauf
the pie
la tarte
das Weißbrot
the white bread
le pain blanc
das Roggenbrot
the rye bread
le pain de seigle
die Semmeln
the rolls
les petits pains

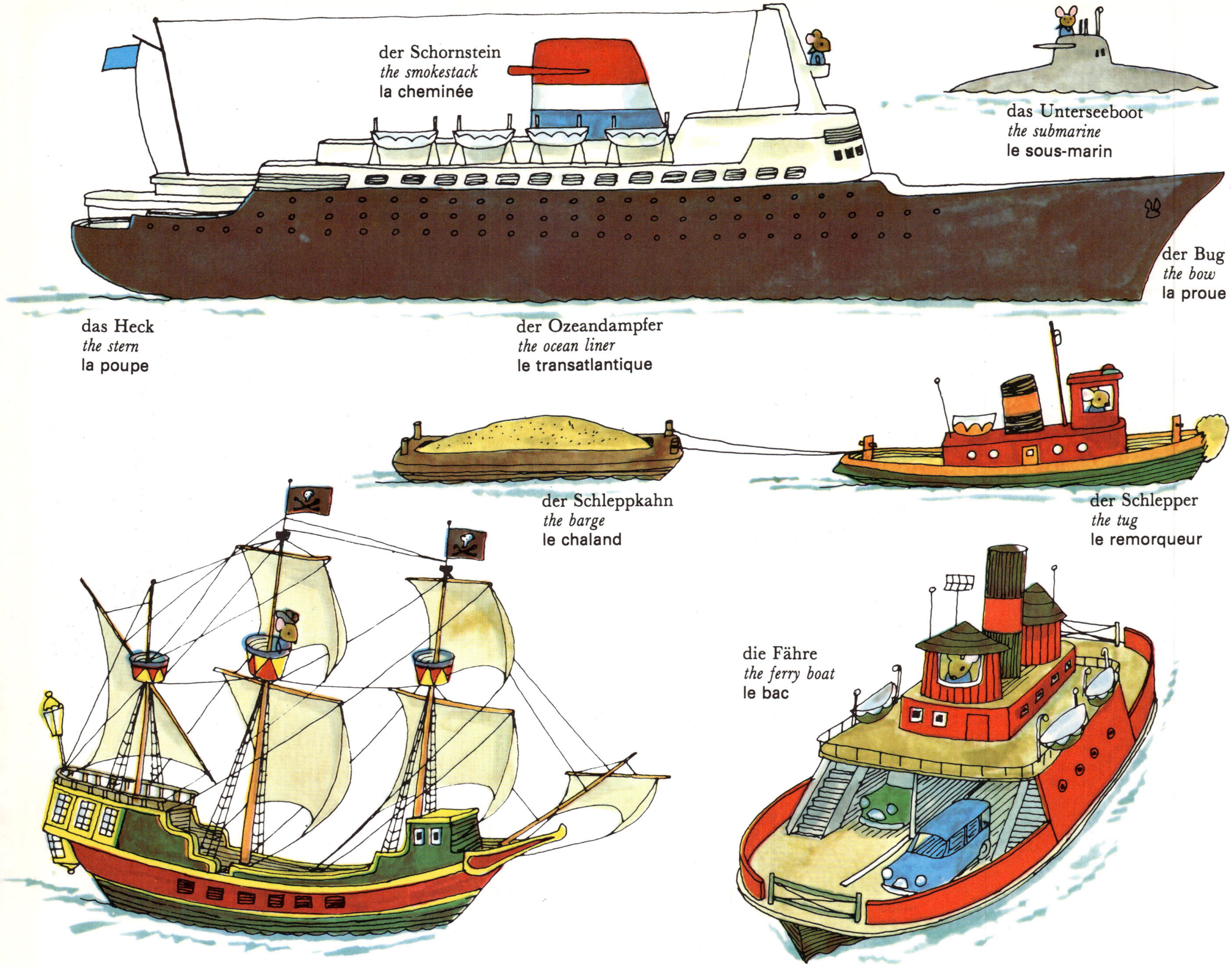

Boote und Schiffe

Was schwimmt hier im Wasser und ist doch kein Schiff? Aber es hilft den Schiffen, den richtigen Weg zu finden.

der Frachter
the freighter
le cargo

das Feuerschiff
the light ship
le bateau-feu

das Küstenwachschiff
the coast-guard ship
le garde-côte

der Tanker
the oil tanker
le pétrolier

das Feuerlöschboot
the fireboat
le bateau-pompe

die Fischernetze
the fishing nets
les filets de pêche

der Fischereidampfer
the fishing trawler
le chalutier

ein Motorboot für Sportfischer
a sport fishing boat
un yacht de pêche

ein Rennboot
a speedboat
un hors-bord

das Segelboot
the yacht
le voilier

das Hausboot
the houseboat
le bateau-maison

das Floß
the raft
le radeau

die Leuchtboje
the lightbuoy
la balise

Die Bärenzwillinge ziehen sich an

Der kleine Bär wachte an einem kalten Morgen auf,
wo man sich schön warm anziehen muß, bevor man ins Freie geht.
Er gähnte und stieg aus dem Bett.
Er zog seinen Pyjama aus und ließ
ihn auf dem Fußboden liegen.
Ungezogener Bär!

die Hausschuhe
the slippers
les pantoufles

die Pyjamajacke
the pyjama top
la veste de pyjama

die Pyjamahose
the pyjama bottom
la culotte
de pyjama

die Unterwäsche
the underwear
les sous-vêtements

eine Mütze
a cap
une casquette

ein Hemd
a shirt
une chemise

eine Hose
a pair of trousers
une culotte

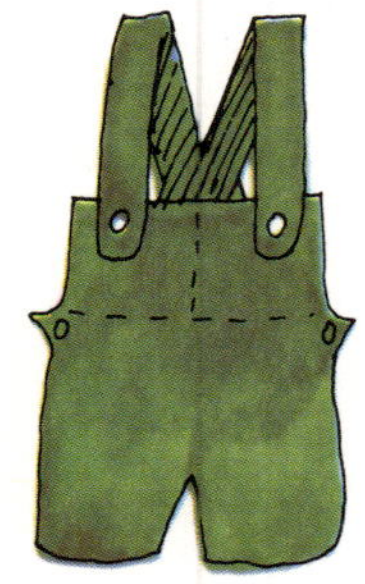

ein Overall
a pair of overalls
une salopette

Dann zog er an:
Now he dressed himself up with:
Ensuite, il mettait:

eine Krawatte
a tie
une cravatte

ein Pullover
a sweater
un chandail

die Socken
the socks
les chaussettes

eine Kappe
a cap
un bonnet

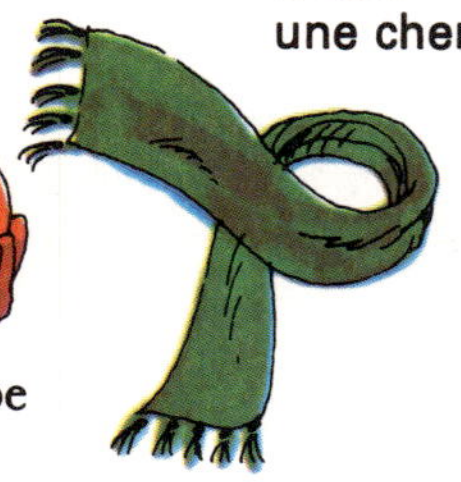

ein Schal
a muffler
une écharpe

die Turnschuhe
the plimsolls
les souliers
de tennis

die Handschuhe
the gloves
les gants

eine Jacke
a jacket
un blouson

ein Mantel
an overcoat
un manteau

ein Regenmantel
a raincoat
un imperméable

und ein Regenhut
and a rainhat
et un suroît

Als er hinausgehen wollte, rief seine Mutter:
„Vergiß nicht, deine Stiefel anzuziehen!“
When he wanted to leave, his mother called:
„Do not forget to put on your boots!“
Au moment où il sortait, sa mère le rappelait:
„N'oublie pas de mettre tes bottes!“

die Stiefel
the boots
les bottes

Das kleine Bärenmädchen stand auch auf. Sie zog ihr hübsches Nachthemd aus und legte es ordentlich hin. Braves Bärenkind!

das Nachthemd
the nightgown
la chemise de nuit

der Unterrock
the petticoat
la combinaison

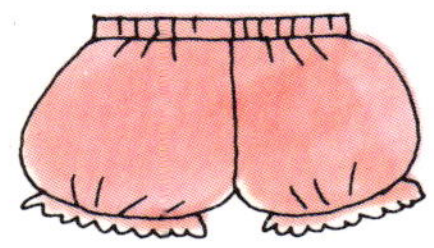

Dann zog sie an:
Now she dressed herself up with:
Ensuite, elle mettait:

das Höschen
the panties
la culotte

eine Haarschleife
a hair ribbon
un ruban

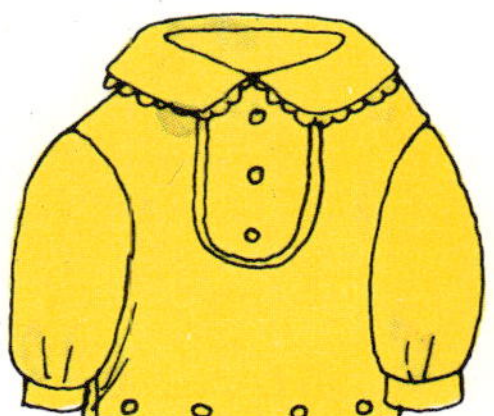

eine Bluse
a blouse
un chemisier

ein Rock
a skirt
une jupe

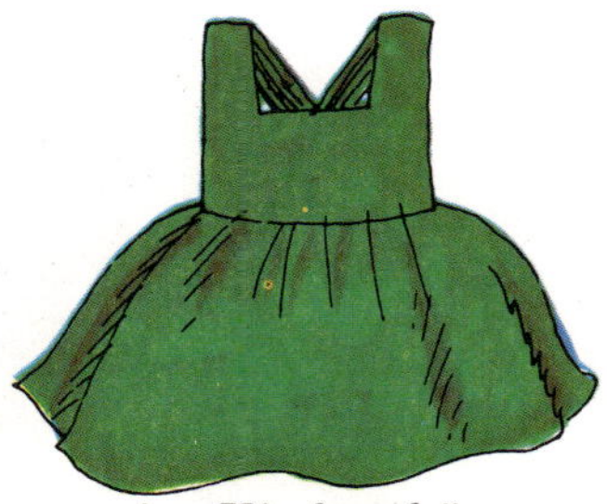

eine Kinderschürze
a pinaflore
un tablier

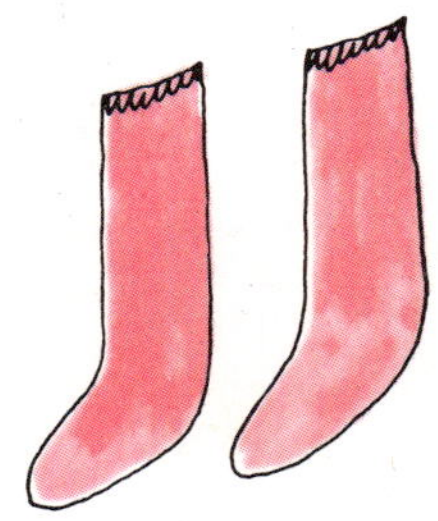

die Strümpfe
the stockings
les chaussettes

die Ohrenschützer
the ear muffs
les oreillettes

die Schuhe
the shoes
les souliers

ein Anorak
an anorak
un anorak

ein Rodelanzug
a snow suit
un survêtement

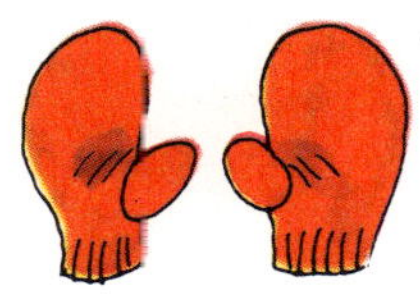

und Fäustlinge.
and mittens.
et des moufles.

Sie steckte ihr Taschentuch
She put her handkerchief
Elle mettait son mouchoir

und ihr Portemonnaie
and her purse
et son porte-monnaie

in ihre Handtasche.
in her handbag.
dans son sac.

Als sie hinausgehen wollte, rief ihre Mutter:
„Vergiß nicht, die Stiefel anzuziehen!"
When she wanted to leave, her mother called:
„Do not forget to put on your boots!"
Au moment où elle sortait, sa mère la rappelait:
„N'oublie pas de mettre tes bottes!"

der Hirsch
the deer
le cerf
der Löwe
the lion
le lion
ein Elefant
an elephant
un éléphant
der Tiger
the tiger
le tigre
die Affen
the monkeys
les singes
der Bambusbär
the panda
le panda
der Gorilla
the gorilla
le gorille
ein Eisbär
a polar bear
un ours polaire
ein Braunbär
a brown bear
un ours brun

Im Zoo

Herr und Frau Maus gehen mit ihren Kindern in den Zoo. Wie wollen die Kinder all die vielen Luftballons zu Hause unterbringen? Welches Tier im Zoo magst du am liebsten?

Zeichnen und Malen

Zeichnen und Malen machen Spaß.
Kannst du ein Riesenrad zeichnen?

das Riesenrad
the ferris wheel
la grande roue

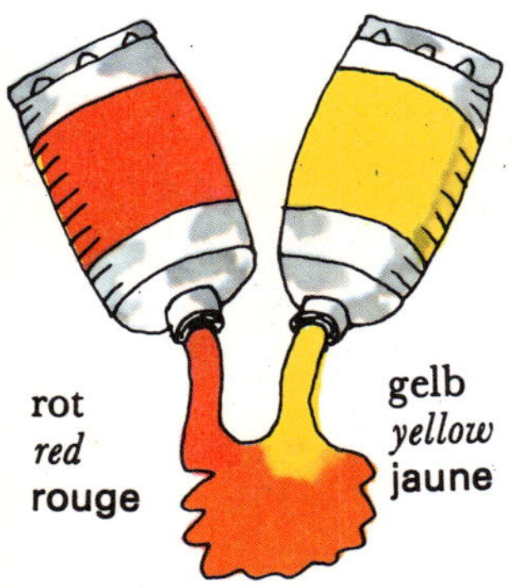

rot
red
rouge

gelb
yellow
jaune

geben orange
make orange
donnent orange

blau
blue
bleu

gelb
yellow
jaune

geben grün
make green
donnent vert

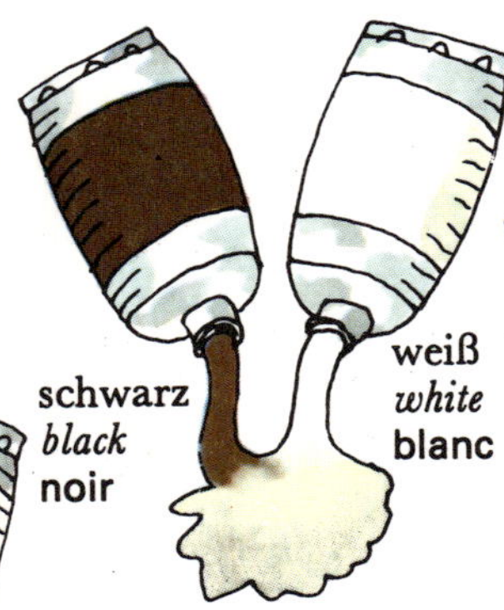

schwarz
black
noir

weiß
white
blanc

geben grau
make grey
donnent gris

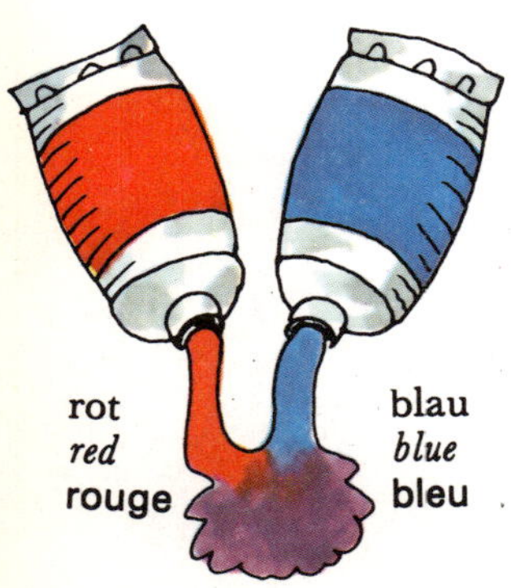

rot
red
rouge

blau
blue
bleu

geben lila
make violet
donnent violet

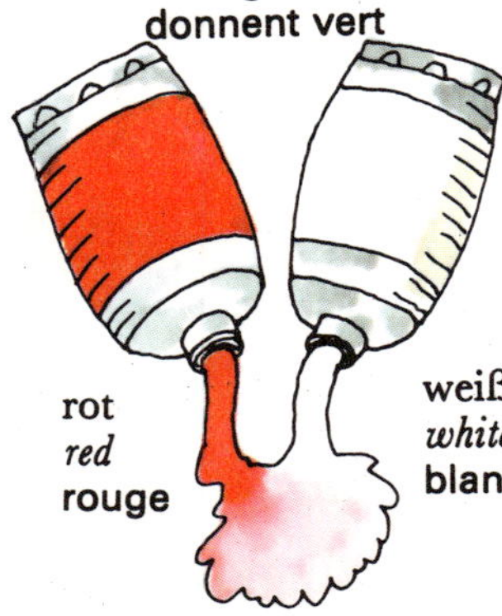

rot
red
rouge

weiß
white
blanc

geben rosa
make pink
donnent rose

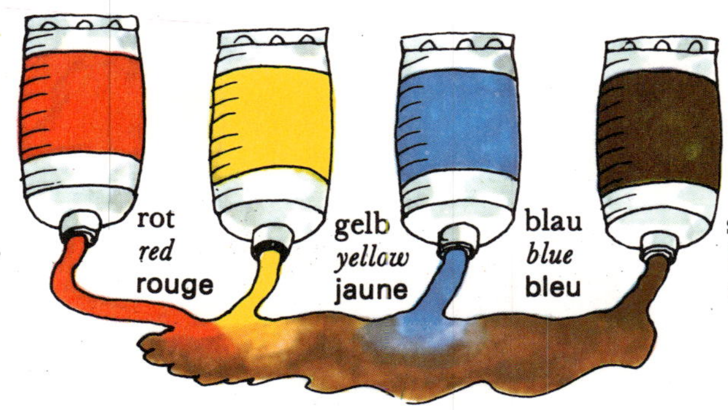

rot
red
rouge

gelb
yellow
jaune

blau
blue
bleu

schwarz
black
noir

geben braun
make brown
donnent brun

ein Wassernapf
a water dish
un godet

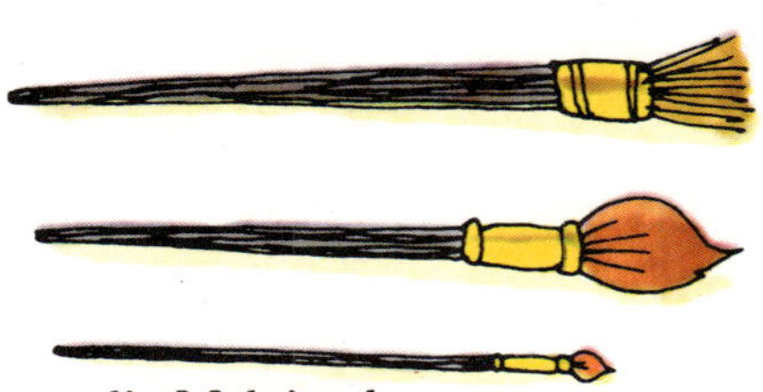

die Malpinsel
the paint brushes
les pinceaux

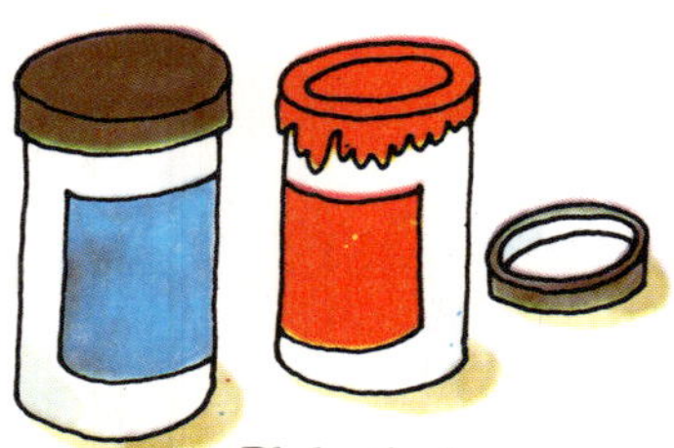

Plakatfarbe
poster paint
peinture pour affiches

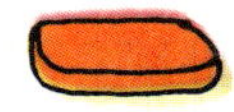

der Radiergummi
the rubber
la gomme

der Malkasten
the paint box
la boîte de peinture

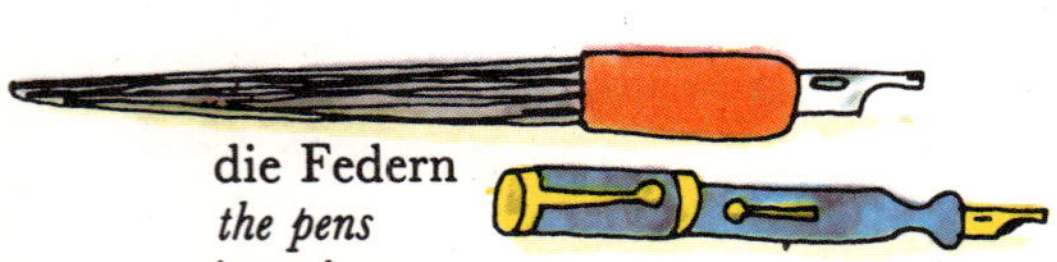

die Federn
the pens
les plumes

der Bleistift
the pencil
le crayon

die Tinte
the ink
l'encre

die Buntstifte
the crayons
les crayons de couleur

die Pastellstifte
the pastels
les pastels

ein Dinosaurier
a dinosaur
un dinosaure
ein Künstler
an artist
un artiste
eine Wandmalerei
a mural painting
une fresque
ein Gerüst
a scaffold
un échafaudage
DELPHIN
BÜCHER
ein Plakat
a poster
une affiche
eine Pastellskizze
a pastel sketch
une esquisse au pastel
ein Stilleben
a still life
une nature morte
eine Leinwand
a canvas
une toile
ein Ölgemälde
an oil painting
une peinture
à l'huile
ein Zeichenblock
a pad of paper
un bloc de papier
ein Modell
a life model
un modèle
eine Palette
a palette
une palette
ein Malerkittel
a smock
une blouse
de peintre
Aquarell
watercolour painting
aquarelle
das Papier
the paper
le papier
eine Bleistiftzeichnung
a pencil drawing
un dessin au crayon

Zahlen

Wie weit kannst du zählen?
Kannst du zwanzig
Marienkäfer zählen?
Sicher kannst du das!

1 ein Wal
one whale
une baleine

2 zwei Walrosse
two walruses
deux morses

3 drei Sparschweine
three piggy banks
trois tirelires

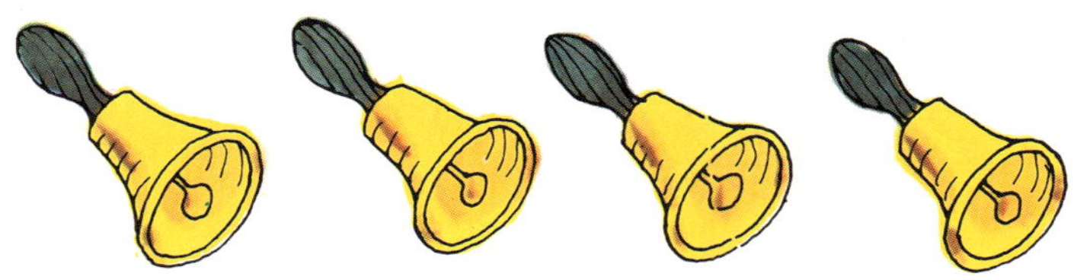

4 vier Glocken
four bells
quatre cloches

5 fünf Heuschrecken
five grasshoppers
cinq sauterelles

6 sechs Eier
six eggs
six œufs

7
sieben Raupen
seven caterpillars
sept chenilles

8
acht Garnrollen
eight spools
huit bobines

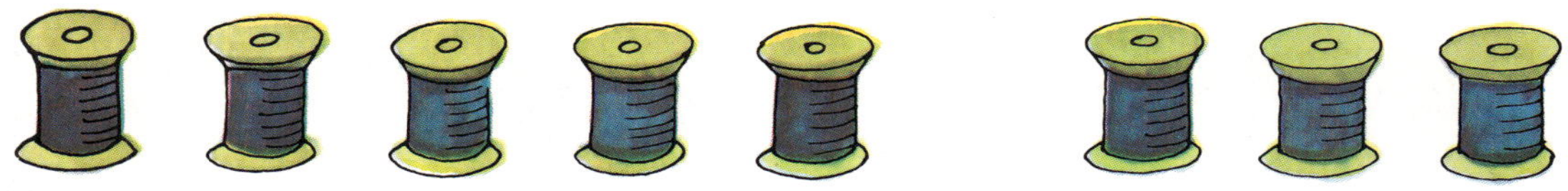

9
neun Spinnen
nine spiders
neuf araignées

10
zehn Schlüssel
ten keys
dix clefs

11
elf Ameisen
eleven ants
onze fourmis

12
zwölf Ringe
twelve rings
douze bagues

13
dreizehn Gummibonbons
thirteen gumdrops
treize boules de gomme

14
vierzehn Blätter
fourteen leaves
quatorze feuilles

15
fünfzehn Schneeflocken
fifteen snowflakes
quinze flocons de neige

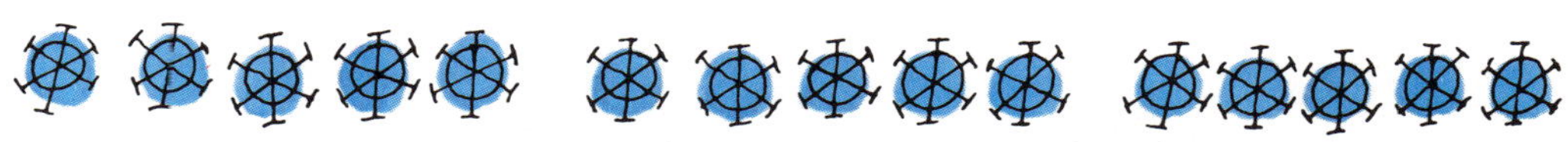

16
sechzehn Eicheln
sixteen acorns
seize glands

17
siebzehn Sicherheitsnadeln
seventeen safety pins
dix-sept épingles de sûreté

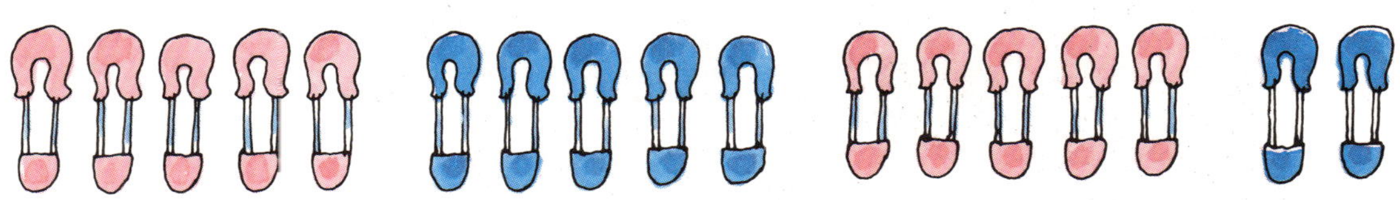

18
achtzehn Knöpfe
eighteen buttons
dix-huit boutons

19
neunzehn Perlen
nineteen beads
dix-neuf perles

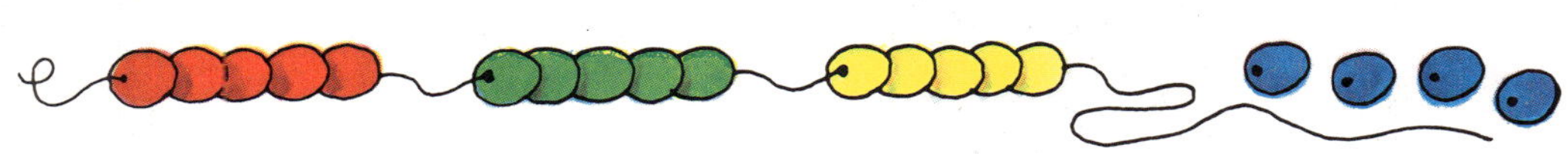

20
zwanzig Marienkäfer
twenty ladybirds
vingt coccinelles

Wir machen Musik

Der Dirigent leitet das Orchester mit dem Taktstock. Die Musiker spielen ein lustiges Stück. Welches Instrument möchtest du spielen?

die Kesselpauken
the kettle drums
les timbales
die Trommel
the snare drum
le tambour
die Pauke
the bass drum
la grosse caisse
die Becken
the cymbals
les cymbales
der Triangel
the triangle
le triangle
das Saxophon
the saxophone
le saxophone
das Waldhorn
the French horn
le cor d'harmonie
die Trompete
the trumpet
la trompette
die Tuba
the tuba
le tuba
das Kornett
the cornet
le cornet à pistons
das Tamburin
the tambourine
le tambourin
die Posaune
the trombone
le trombone
das Banjo
the banjo
le banjo
die Gitarre
the guitar
la guitare
eine Harfe
a harp
une harpe
eine Mundharmonika
a harmonica
un harmonica
Kamm
und Seidenpapier
comb and
tissue paper
peigne et
papier de soie
eine Ziehharmonika
an accordion
un accordéon

In der Stadt

Die Maus hat in der Buchhandlung ein Buch gekauft und holt sich jetzt eine Zeitung. Dann trifft sie sich mit ihren Hasenfreunden im Café, wo sie Limonade trinken wollen. Zeig mit dem Finger den Weg, den sie gehen muß, und paß auf, daß sie nach links und nach rechts schaut, bevor sie die Straße überquert.

das Straßenschild
the street sign
la plaque de rue
der Park
the park
le parc
ein Hotel
a hotel
un hôtel
eine Bank
a bench
un banc
RESTAURANT
ein Kanalisationseinstieg
a manhole
une bouche d'égout
ein Taxi
a taxi
un taxi
riseur
ein Lieferrad
a delivery cycle
un triporteur
eine Funkstreife
a police car
une voiture de police
THEATER
heute Vorstellung
ein Autobus
a bus
un autobus
TAXI STAND
ein Bürgersteig
a pavement
un trottoir
ein Eingang zur Untergrundbahn
an underground entrance
une bouche de métro
Zeitungen
newspapers
des journaux
ein Zeitungsstand
a newsagent
un kiosque à journaux
ein Untergrundbahnhof
an underground station
une station de métro

Ein Ausflug aufs Land

Bei einem Ausflug gibt es viel zu sehen. Hast du gemerkt, was dem Bergsteiger aus seinem Rucksack gefallen ist?

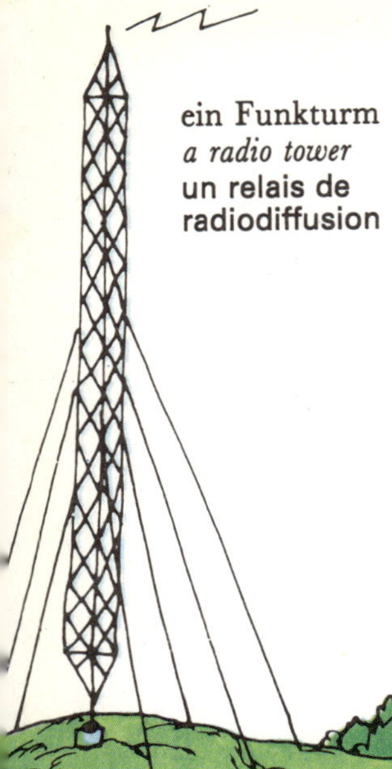

der Leuchtturm
the lighthouse
le phare
die Bucht
the bay
la baie
der Strand
the beach
la plage
ein Kran
a crane
une grue
der Hochsitz
the stand
l'affût
Bäume
trees
des arbres
die Zugbrücke
the drawbridge
le pont basculant
der Hafen
the harbour
le port
der Hügel
the hill
la colline
das Dorf
the village
le village
der Berg
the mountain
la montagne
ein Windrad
a windmill
une éolienne
der Strom
the stream
le fleuve
ein Teich
a pond
un étang
ein Fluß
a river
une rivière
das Blockhaus
the log cabin
la maison en bois
ein Bergsteiger
a mountain climber
un alpiniste
die Landstraße
the road
la route
der Wald
the forest
la forêt
ein Rucksack
a knapsack
un sac à dos
die Felswand
the cliff
la paroi rocheuse
ein Apfel
an apple
une pomme

In der Schule

In der Schule ist es schön. Dort kann man vieles lernen. Gehst du gern zur Schule?

ein Bleistiftspitzer
a pencil sharpener
un taille-crayon

ein Bleistift
a pencil
un crayon

ein Füllfederhalter
a fountain-pen
un stylo

ein Kugelschreiber
a ball-point pen
un stylo à bille

die Kreide
the chalk
la craie

ein Notizbuch
a notebook
un carnet de notes

Papier
paper
des papiers

die Tinte
the ink
l'encre

ein Tafelreiniger
a blackboard rubber
une éponge

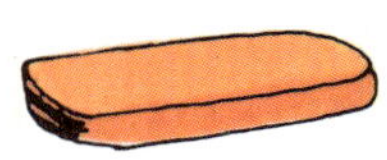

ein Radiergummi
an eraser
une gomme

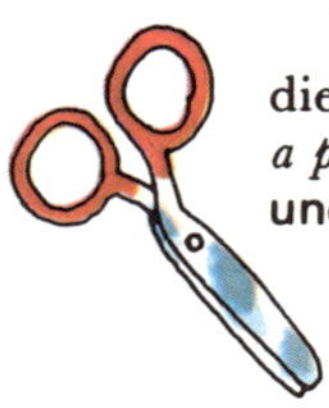

die Schere
a pair of scissors
une paire de ciseaux

der Bindfaden
the string
la ficelle

ein Garn
a yarn
un fil

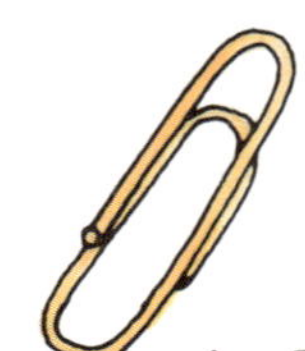

eine Büroklammer
a paper clip
un trombone

der Leim
the glue
la colle

ein Heft
an exercise book
un cahier

ein Lesebuch
a storybook
un livre de lecture

die Reißnägel
the drawing pins
les punaises

das Plastilin
the modelling clay
la pâte à modeler

Fundsachen in der Schublade
the lost-clothing drawer
le tiroir aux objets perdus

die Uhr
the clock
la pendule
die Klingel
the bell
la sonnette
die Tafel
the blackboard
le tableau noir
ein Lehrer / eine Lehrerin
a teacher
un instituteur / une institutrice
der Kalender
the calendar
le calendrier
JANUAR
das Tintenfaß
the inkwell
l'encrier
die Landkarte
the map
la carte
ein Papierkorb
a waste-paper basket
une corbeille à papier
der Schreibtisch
the desk
le bureau
der Landkartenständer
the map stand
le support
eine Schülerin / ein Schüler
a pupil
une élève / un élève
das Klassenzimmer
the classroom
la salle de classe
der Rektor
the headmaster
le directeur
die Papierpuppen
the paper dolls
les poupées de papier

der Kühlschrank
the refrigerator
le réfrigérateur
der Küchenschrank
the kitchen cabinet
le placard de cuisine
ein Dosenöffner
a tin opener
un ouvre-boîte
die Seife
the soap
le savon
eine Teekanne
a teapot
une théière
die Steckdosen
the light sockets
les prises de courant
das Gefrierfach
the freezer
le freezer
der Mülleimer
the dustbin
la poubelle
die Waschmaschine
the washing-machine
la machine à laver
die Geschirrspülmaschine
the dish-washer
le lave-vaisselle
ein Schaumschläger
an egg beater
un batteur
ein Wäschekorb
a laundry basket
un panier à linge
ein Hocker
a stool
un tabouret
die Eierschalen
the egg shells
les coquilles d'oeufs
eine Rührschüssel
a mixing bowl
un bol
der Teig
the dough
la pâte
ein Nudelholz
a rolling pin
un rouleau à pâte
ein Meßbecher
a measuring pitcher
un récipient gradué
ein Mehlbehälter
a flour bin
une boîte de farine
ein Trichter
a funnel
un entonnoir
ein Sieb
a strainer
une passoire
ein Kuchenblech
a baking tray
un plat à four
das Tomatenketchup
the ketchup
le ketchup
eine Kuchenform
a cake pan
un moule à gâteau
eine Zuckerdose
a sugar bowl
un sucrier
der Senftopf
the mustard pot
le pot à moutarde
der Fleischwolf
the mincer
la machine à hacher

In der Küche

Drei kleine Schweinchen helfen ihrer Mutter beim Backen. Was schiebt die Mutter in den Ofen?

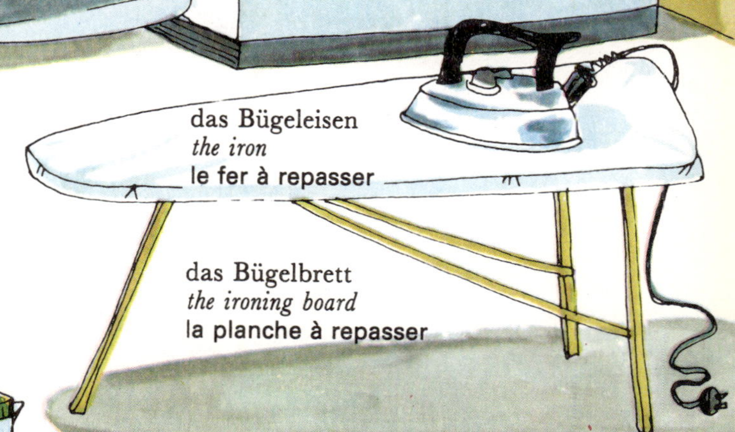

Wenn du groß bist

Was möchtest du einmal werden? Ein guter Koch? Oder lieber Arzt oder Krankenschwester?

ein Matrose
a sailor
un matelot

eine Krankenschwester
a nurse
une infirmière

eine Sekretärin
a secretary
une secrétaire

ein Cowboy
a cowboy
un cow-boy

ein Arzt
a doctor
un médecin

ein Tischler
a carpenter
un menuisier

ein Musiker
a musician
un musicien

ein Fleischer
a butcher
un boucher

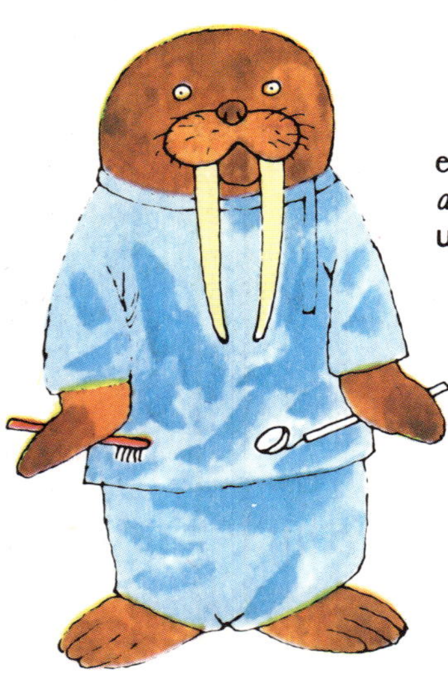

ein Zahnarzt
a dentist
un dentiste

ein Koch
a cook
un cuisinier

ein Sänger
a singer
un chanteur

ein Maler
a painter
un artiste peintre

ein Pilot
a pilot
un pilote

ein Lastwagenfahrer
a lorry driver
un camionneur

ein Automechaniker
a garage mechanic
un mécanicien

eine Lehrerin
a teacher
une institutrice

ein Zugschaffner
a train conductor
un contrôleur
de chemin de fer

ein Kaufmann
a shopkeeper
un commerçant

eine Bibliothekarin
a librarian
une bibliothécaire

eine Tänzerin
a dancer
une danseuse

ein Vater
a father
un père

eine Mutter
a mother
une mère

Was wir alles tun

Vieles können wir, und einiges können wir nicht. Was zum Beispiel können wir nicht? Du wirst es schon finden!

graben
dig
creuser

blasen
blow
souffler

bauen
build
construire

zerbrechen
break
casser

schlafen
sleep
dormir

aufwachen
awaken
s'éveiller

gehen
walk
marcher

laufen
run
courir

stehen
stand
se tenir debout

sitzen
sit
être assis

lesen
read
lire

zuschauen
watch
regarder

schreiben
write
écrire

ziehen
pull
tirer

schieben
push
pousser

kicken
kick
donner un coup de pied

sprechen
talk
parler

zuhören
listen
écouter

schreien
shout
crier

flüstern
whisper
chuchoter

essen
eat
manger

lachen
laugh
rire

lächeln
smile
sourire

weinen
cry
pleurer

trinken
drink
boire

darüberspringen
jump over
sauter par dessus

durchkriechen
crawl under
ramper par dessous

hinfallen
fall down
tomber

Fliegen können wir nicht.
We can't fly.
Nous ne pouvons pas voler.

steigen
go up
monter

hinuntergehen
go down
descendre

grüßen
raise a hat
saluer

spähen
peer
épier

herauskommen
come out
sortir

hineingehen
go in
entrer

Maschinen

Hier sind viele fleißige Bären tätig! Alle bewegen sie Erde mit ihren Maschinen.
Nur einer nicht. Was tut er?

eine Planierraupe
a bulldozer
un bulldozer

ein Löffelbagger
a shovel
une pelle mécanique

ein Planierpflug
a tractor scraper
une décapeuse

ein Kipper
a dump truck
un camion à benne

ein Bagger
a tractor shovel
une excavatrice

ein Kettenförderer
a bucket loader
un élévateur

die Erde
the earth
la terre

ein Traktor mit Kippanhänger
a tractor with dump trailer
un tracteur avec benne basculente

eine Motorwalze
a roller
un rouleau compresseur

HOTEL
Cowboy Kleidung
BANK
RAT-HAUS
die Straßenlaterne
the street-lamp
le réverbère
ein Anbindepfosten
a hitching post
une barre d'attache
ein Goldgräber
a gold miner
un chercheur d'or
ein Sheriff
a sheriff
un shériff
ein Packesel
a burro
une bête de somme
ein Cowboy
a cowboy
un cow-boy
eine Geldkassette
a money box
un coffre-fort
eine Lokomotive
a locomotive
une locomotive
BUFFALO BILL
ein Scheinwerfer
a head light
un phare
eine Postkutsche
a stagecoach
une diligence
ein Rad
a wheel
une roue

Im Wilden Westen

Ein Indianer kommt in die Stadt.
Seine Frau und das Baby begleiten ihn.

Im Zirkus

Die Musik spielt, und die Tiere zeigen ihre Kunststücke. Welche Nummer gefällt dir am besten?

ein Wimpel
a pennant
un fanion
ein Zirkuszelt
a circus tent
un chapiteau
ein Trapez
a trapeze
un trapèze
ein Trapezkünstler
a trapeze artist
un trapéziste
eine Akrobatin
an acrobat
une acrobate
ein Netz
a safety net
un filet
der Kartenverkäufer
the ticket seller
le caissier
ein Reifen
a hoop
un cerceau
eine Peitsche
a whip
un fouet
ein Löwe
a lion
un lion
ein Jongleur
a juggler
un jongleur
ein Löwenbändiger
a lion tamer
un dompteur
ein dressierter Seelöwe
a trained sealion
une otarie savante
die Süßwaren
the sweets
les friandises
ein Luftballon-
verkäufer
a balloon man
un marchand
de ballons

Die Feuerwehr kommt

Wird der Feuerwehrmann die Frau retten?

ein Rettungswagen
a rescue car
une voiture de secours

eine Funkstreife
a police car
une voiture de police

eine Düse
a nozzle
une lance

eine Motorpritze
a fire-engine
une pompe à incendie

eine Leiter
a ladder
une échelle

ein Schlauch
a hose
un tuyau

ein Feuermelder
a fire-alarm box
un avertisseur d'incendie

die Gummistiefel
the rubber boots
les bottes en caoutchouc

der Fahrer
the driver
le conducteur

ein Feuerwehrhelm
a helmet
un casque de pompier

ein Verbandskasten
a first-aid kit
une trousse de secours

ein Brandhaken
a hook
un crochet

eine Ambulanz
an ambulance
une ambulance
die Flammen
the flames
les flammes
der Rauch
the smoke
la fumée
das Wasser
the water
l'eau
der Brandmeister
the fire chief
le capitaine des pompiers
ein Megaphon
a megaphone
un porte-voix
ein Pumpwagen
a pumper
une voiture-pompe
3
ein Hydrant
a fire-hydrant
une bouche d'incendie
eine Leiter
a ladder
une échelle
ein Feuerwehrmann
a fireman
un pompier
ein Sprungtuch
a rescue net
une toile de sauvetage
ein Feuerlöscher
a fire-extinguisher
un exincteur

Eisenbahnen

Mit welchem Zug möchtest du lieber fahren, mit einem Personenzug oder einem Güterzug?

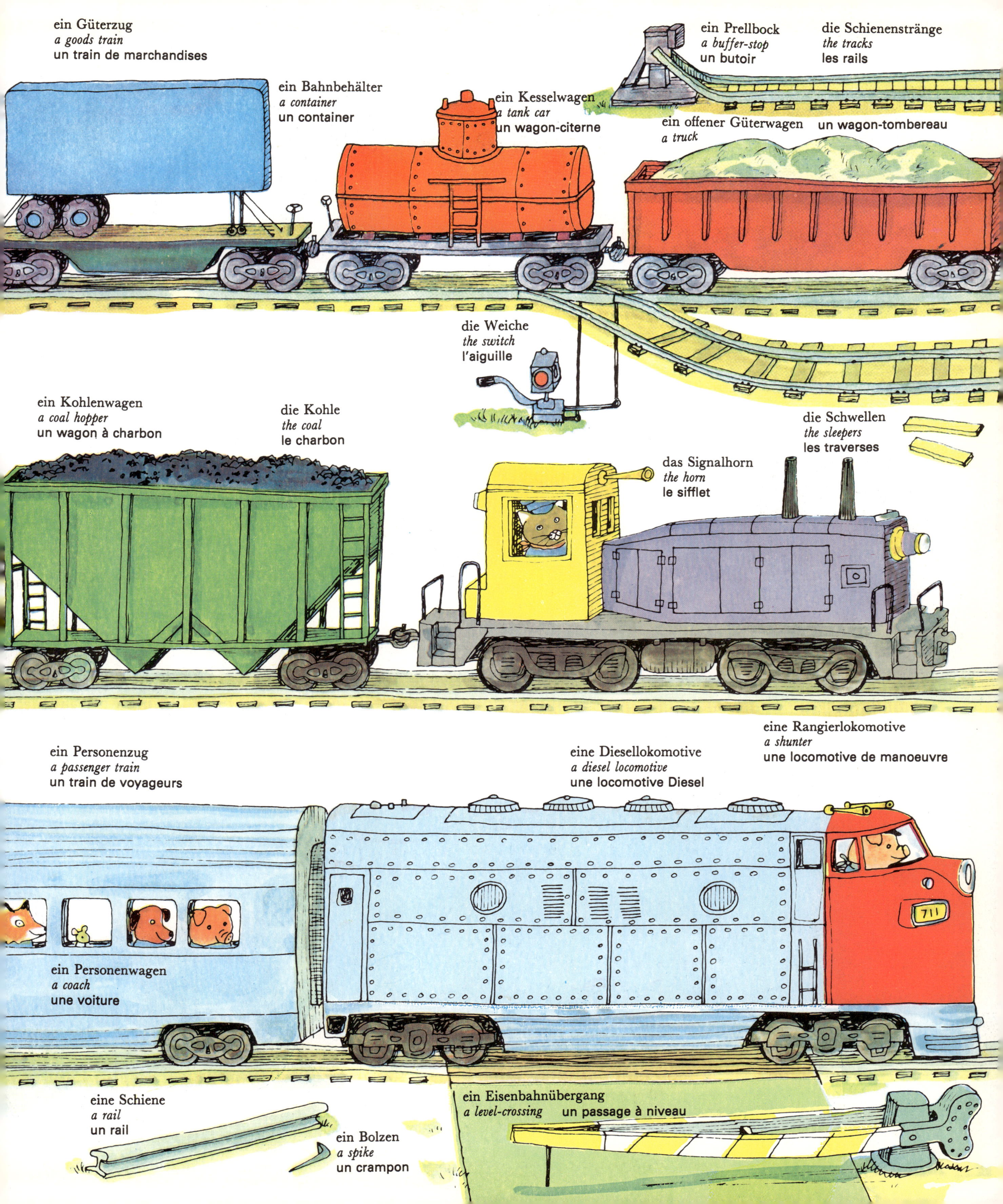
ein Güterzug
a goods train
un train de marchandises
ein Bahnbehälter
a container
un container
ein Kesselwagen
a tank car
un wagon-citerne
ein Prellbock
a buffer-stop
un butoir
die Schienenstränge
the tracks
les rails
ein offener Güterwagen
a truck
un wagon-tombereau
die Weiche
the switch
l'aiguille
ein Kohlenwagen
a coal hopper
un wagon à charbon
die Kohle
the coal
le charbon
die Schwellen
the sleepers
les traverses
das Signalhorn
the horn
le sifflet
eine Rangierlokomotive
a shunter
une locomotive de manoeuvre
ein Personenzug
a passenger train
un train de voyageurs
eine Diesellokomotive
a diesel locomotive
une locomotive Diesel
711
ein Personenwagen
a coach
une voiture
eine Schiene
a rail
un rail
ein Bolzen
a spike
un crampon
ein Eisenbahnübergang
a level-crossing
un passage à niveau

Frühling

Das kleine Lamm freut sich, weil es Frühling ist. Der Bär kommt aus seiner Höhle und mäht den Rasen.

Sommer

Jetzt ist die richtige Zeit für Picknicks. Es macht Spaß, im Freien zu essen.

Herbst

Im Herbst ist die Luft schon kühl. Die grünen Blätter werden bunt, dann fallen sie herunter. Der Bär kehrt sie zusammen und macht ein Feuer damit.